どっちを選ぶ？ クイズで学ぶ！

自然災害サバイバル

全3巻 内容説明

① 地震

- リビングにいたら大きな地震が！
  どこへ逃げる？
- 火事のとき、外に出るには
  どんな階段を使えばいい？
- 避難所に向かう途中、
  トイレに行きたくなったら？
- 津波警報のとき、どこへ逃げる？
- 安否を家族に伝えたい！
  どの番号に電話する？　　　　　など

② 水害

- 雨と風が強くなってきた。
  まずなにをする？
- 家族が外出中だけど、
  避難したほうがいい？
- 風が強く道路は水びたし。
  どうやって歩くのがいい？
- 強風が吹いている。危険な道はどれ？
- 避難所が満員らしい。
  どうする？　　　　　　　　　　など

③ 避難生活

- 骨が折れているみたい。
  応急処置に使えるものは？
- 配られたおかしとおにぎり、
  どっちを先に食べる？
- 慣れない場所でねむれない。どうする？
- 単三電池を単一電池に変えるには、
  なにが必要？
- 体育館にはまだ人がいるけど、
  学校はいつ再開するの？　　　　など

どっちを選ぶ？クイズで学ぶ！
自然災害サバイバル

監修 ▶ 木原実（気象予報士・防災士）
イラスト ▶ 大野直人

地震 1

日本図書センター

はじめに

　地震や津波、台風、洪水など、日本では最近も多くの自然災害がおこっています。これを読んでいるみなさんのなかにも、じっさいに災害を経験して、こわい思いをしたことがある人がいるかもしれませんね。そうでなくても、ニュース番組の映像を観るだけで、「自分の住んでいる場所で災害がおきたら……」と不安になってしまうものです。

　もしも今、この場で災害がおこったとしたら、みなさんはどうしますか？　どんな行動をとるべきか、すぐに判断ができるでしょうか？　とくに、まわりに家族や先生がいないときには、パニックになってしまうかもしれませんね。

　この本に登場する主人公も、家でひとりきりですごしているときに地震にあいます。そこからは、どこへ避難するか、なにをすればいいのか、まよいの連続です。みなさんも主人公といっしょにクイズに答えながら、地震がおきたときにどんな行動をとるべきか、考えてみてください。

　この本を読んで、じっさいの災害をイメージしておけば、いざというときに落ち着いて判断ができるはずです。いつかくるかもしれない災害のとき、みなさんがより安全な行動をとるために、この本を役立ててくださるとうれしいです。

気象予報士・防災士　木原 実

この本の見方

地震がおきたときに判断にまようシチュエーションをクイズにしているよ。

問題のむずかしさを3段階で表示しているよ。

問題の答えをイラストとともに紹介するよ。

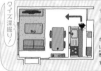

問題への選択肢だよ。どっちの行動をとればいいか考えてみよう。

答えについてくわしく説明しているよ。

問題に関係することがらを紹介するコラムだよ。

シンゴ
この本の主人公。慎重派で、おくびょうなところがある。

ユリ
シンゴの同級生。元気いっぱいで、お調子者な女の子。

サバイバルマスター
防災について知りつくしたアドバイザー。

もくじ

はじめに ・・・・・・・・・・・・・・・・・・・・・・・・・・・・・・・・・2

この本の見方 ・・・・・・・・・・・・・・・・・・・・・・・・・・・・・・3

マンガ　プロローグ　地震は急におそってくる ・・・・・・・・6

問題 1　リビングにいたら大きな地震が！ どこへ逃げる？ ・・・・・・・・・10

問題 2　地震のゆれがおさまった。まずするべきことは？ ・・・・・・・・12

問題 3　ドアが開かず、閉じこめられた！
外にいる人にどうやって伝える？ ・・・・・・・・・・・・・14

問題 4　家にいるのはあぶなそう。
家族は外出中だけど、どうする？ ・・・・・・・・・・・・・16

問題 5　家で飼っている犬やねこは、
避難所に連れていってもいい？ ・・・・・・・・・・・・・・18

問題 6　さあ、避難所へ向かおう！
家から出るとき、どうすればいい？ ・・・・・・・・・・・・ 20

コラム　こんな場所で地震がおきたら!? 家のなか編・・・・・・・・・・・・ 23

問題 7　ろう下に出たらけむりが！ どうやって逃げればいい？ ・・・・・・ 24

問題 8　火事のとき、建物の外に出るには
どっちの階段を使えばいい？ ・・・・・・・・・・・・・・・・ 26

問題 9　エレベーターのなかで余震が！ どの階のボタンを押す？ ･････ 28

問題 10　家から避難所まで逃げるときの安全なルートはどれ？ ･･････ 30

コラム　こんな場所で地震がおきたら!？ 外出先編 ････････････ 33

問題 11　避難所まで向かうときどうやって移動すればいい？ ･･･････ 34

問題 12　がれきにうまっている人がいる！ どうやって助ける？ ･･････ 36

問題 13　避難所に向かう途中、トイレにいきたくなったら？ ･･････ 38

問題 14　防災スピーカーから津波警報が！ どこへ逃げればいい？ ･･････ 40

コラム　みんなで避難するときのあいことば「お・は・し・も」 ････････ 43

問題 15　津波からの避難中、遠くに友だちが！ どうする？ ･･････ 44

問題 16　避難中に足をくじいてしまった。まずどこに向かう？ ･･････ 46

問題 17　家族と電話で連絡を取りたい。どっちの電話を使う？ ･･････ 48

問題 18　家族に電話がつながらない。どの番号に電話すればいい？ ･････ 50

マンガ　エピローグ　避難所で無事、家族と再会！ ････････････ 52

コラム　地震がくる前にやっておこう！ ･･････････････････ 54

ああ～
地震のこと
授業でならった
からか～

そうそう
あんな光景…
思い出すだけで
こわくなるよ…

たしかにこわかったけど
ビクビクしすぎ
なんじゃない?

なさけ
ないなぁ～

だって…
いつくるか
わかんないし…
津波もおこるかも…

ぶっ
ぶっ　ぶっ

ほら!
早く帰って公園で
サッカーやろうよ!

じゃあ公園で
待ち合わせね!

うん…
後でね

ガチャ

ただいま〜

タタタッ

ワン！

マカロン♪
ただいま〜

おかえりシンゴ！
お母さん、ミライと
買い物にいってくるね

早めに帰ってきてよー
あとでユリと遊ぶ約束
あるからさぁ

はいはい
じゃあいってきまーす！

ふーっ

ドサッ

パラ

…

リビングにいたら大きな地震が！どこへ逃げる？

むずかしさ ★ ★ ★

A 安全そうなテーブルの下

B すぐに外に出られる玄関

安全そうな テーブルの下

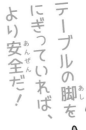

テーブルの脚を
にぎっていれば、
より安全だ！

テーブルにもぐって身を守る

　地震に気がついたら、まず自分の命を守ることを考えよう。落ちてくるもので頭を打ったり、大きな家具の下じきになったりすると、命を落としてしまうかもしれない。テーブルの下にもぐることで、その両方から身を守ることができるよ。

　どんなに長くても、地震のゆれは数分でおさまるもの。あわてて家の外に出ようとしないで、ゆれがおさまるのをじっと待っていよう。

クイズ深掘り！

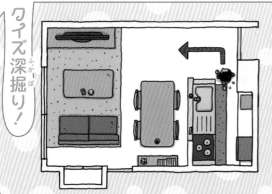

せまくてものが多い場所からはなれよう！

　キッチンやものおき部屋のように、大きな家具があって、高いところにものがおいてある場所は、地震のときに危険だよ。そんな場所でゆれを感じたら、とにかくその場をはなれよう。もののすくないリビングなどに移動するといいよ。

地震のゆれがおさまった。
まずするべきことは?

A ドアを開ける

B テレビをつける

地震のニュースを
見るのは後まわし！

いつでも逃げられるように準備しよう！

　大きなゆれの後は、ドアや窓がゆがんで、開かなくなってしまうことがあるよ。ドアや窓が開かないと、部屋に閉じこめられて逃げられなくなってしまうよね。そうなる前に、逃げ道を確保しておくことがだいじなんだ。

　ゆれが落ち着いてきたら、テーブルの下などから出て、まずは玄関につづくドアを開けよう。一戸建ての家なら、1階の窓も脱出口になるから、ドアといっしょに開けておくといいよ。

クイズ深掘り！

避難はしごも逃げ道になる

　マンションや学校のベランダには、避難はしごがついている場合があるよ。出口がふさがれていても、はしごをつたって外に出られるようになっているんだ。避難はしごがある場所で地震がおきたら、ベランダの窓も開けておくといいね。家や学校で見つけたら、使い方を確認しておこう！

ドアが開かず、閉じこめられた！外にいる人にどうやって伝える？

むずかしさ ★★★

A 大声でさけびつづける

B かたいものでドアや壁をたたく

答え **B**

かたいもので
ドアや壁をたたく

大声を出すのは意外とつかれる……

部屋のなかに閉じこめられたら、外の人に気づいてほしいよね。そんなときは、近くにあるかたいもので、ドアや壁をたたいて知らせよう。大声でさけびつづけると、意外と体力を使ってしまうんだ。長いあいだ閉じこめられることもあるから、なるべくつかれないようにすることがたいせつだよ。

サバイバルの知恵　音と光で、できるだけラクにサインを出そう

携帯電話を
鳴らすのも
いい方法だぞ！

どんな状況でも助けを求められるように、そのほかの方法をいくつか紹介するよ。
① 鏡で太陽光をチカチカと反射させる
② 防犯ブザーや目覚まし時計を鳴らす
③ 指笛を吹く
①は、光で助けを求める方法だよ。鏡でなくても、光を反射できるものならなんでもいい。角度を調節して、光を遠くに届けよう。
音で助けを呼ぶなら、②や③などがおすすめ。体力を使わないことがたいせつなんだ。
指笛は、指をくわえて鳴らす口笛のこと。大きな音が出るけど、練習が必要だよ。

家にいるのはあぶなそう。家族は外出中だけど、どうする？

むずかしさ ★★★

A すぐ家を出て避難する

B 家族の帰りを待つ

すぐ家を出て避難する

あらかじめ避難所は見にいっておこう!

ひとりで避難できるように準備しておこう!

　災害のときになによりもたいせつなのは、自分の命を守ること。家のなかにいることに危険を感じたら、自分ひとりでも、勇気をもって避難しよう。

　家族とは、避難した先で合流するといいよ。スムーズに合流するためには、家族の連絡先を知っておくことや、避難所での集合場所を決めておくことがたいせつ。ふだんから家族と話しあって、バラバラに避難する場合にそなえておこう!

B
を選んだキミは…

危険がない場合は家に残ろう

　家に危険がなければ、そのまま家にいたほうが安全だよ。ゆれが落ち着いたらテレビをつけて「避難の指示が出ていないか」「津波の心配はないか」を確認。近所の人には「近くで火災がないか」「家がくずれないか」を聞いてみよう。なにもなさそうなら、避難しないで、家で待機していよう。

家で飼っている犬やねこは、避難所に連れていってもいい？

むずかしさ ★★★

A 避難所に連れていく

B エサを用意して家においていく

答え
A

避難所に
連れていく

まずはいっしょに避難しよう!

　2018年に環境省が「ペットといっしょに避難すべき」という方針を発表したよ。おいていったペットが逃げ出したり、ケガをしたりすることを防ぐためなんだ。家にいるときに災害がおきたら、ペットも連れて避難所にいこう!

　ただ、ペットといっしょに暮らしていいかは、避難所ごとに考え方がちがうんだ。地域の避難所がどんな対応をとっているか、前もって調べておくことがたいせつだよ。

避難所でも
暮らせるよう、しつけを
しておくこともだいじ!

B
を選んだキミは…

家にもどることは考えない

　ペットの存在は家族同然。家に残していくと、気になって飼い主が家にもどってしまい、ケガをすることもあるんだ。それに、ペットがもしいなくなってしまったら、悲しいだけでなく、とても後悔するだろう。「またもどってくるから」とは考えず、いっしょに避難しよう。

さあ、避難所へ向かおう！
家から出るとき、どうすればいい？

むずかしさ ★★★

電気はどうする？

A 消す

B つけたまま

カギはどうする？

C かける　**D** かけない

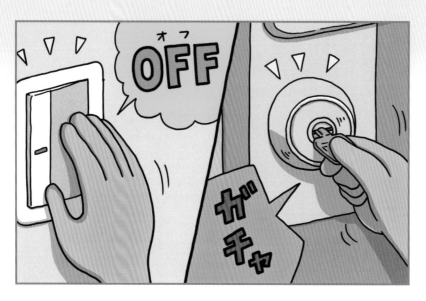

答え
A・C

電気を消して
カギをかける

空き巣や火事にご用心!

避難所へ向かうときは、電気をすべて消して、玄関などのカギをかけてから外へ出よう。

電気を消すのは、電化製品が熱くなって火事になる「通電火災」がよくおこるからなんだ。「ブレーカー」を切れば、すべての電気を元から止められるから、より安心だね。

カギをかけるのは、だれもいなくなった家をねらう空き巣が出るからだよ。戸じまりはしっかりしておこう。

ブレーカーの切り方は家族に聞いておこう!

B を選んだキミは…

大火事をまねく「通電火災」

通電火災とは、停電が復旧するとき(通電再開)におこる火災のことだよ。とくに電子レンジや電気ストーブ、1つのコンセントにたくさんコードをつなぐ「たこ足配線」の場所は要注意だ。避難していて火を消す人がいないから、あっという間に大きな火事になってしまうんだ。

こんな場所で地震がおきたら！？

家のなか編

料理中は火事の危険も！

　料理中に地震がおきたら、すぐ火を止めよう。地震が原因で火事になることはとても多いよ。ただしよゆうがない場合は、地震がおさまってからで大丈夫。むりに止めようとすると、服に火がついたり、熱湯をかぶったりして、やけどしてしまうかもしれないよ。

トビラを開けて出口を確保！

　おふろの場合、閉じこめられる心配があるから、まずはトビラを開けて逃げ道を作ることがたいせつだよ。そして、ゆれがおさまったら服を着よう。おふろ場はすべりやすいから、転んだときに裸だと、鏡やガラスの破片でケガをしてしまうよ。

ふとんにもぐって身を守る！

　ねているときに地震がおきることだってあるよね。ベッドやふとんの上で地震に気がついたら、すぐにかけぶとんを頭からかぶって、落ちてくるものから身を守ろう。ゆれが弱くなったら、まくらで頭を守りながら、家族のところへいくといいよ。

ろう下に出たらけむりが！どうやって逃げればいい？

むずかしさ ★★★

A 姿勢を低くして逃げる

B とにかく走って逃げる

姿勢を低くして逃げる

けむりを吸わないようにしよう！

　火事がおこったときに重要なのは、けむりを吸わないようにすることだよ。けむりには有毒なガスが入っていて、吸いこむと、意識をうしなってしまうかもしれないんだ。

　けむりは上にのぼっていく性質があるから、天井のほうからたまっていくよ。だから、できるだけ姿勢を低くして、床の近くで息をするほうが、吸いこまなくてすむんだ。走ると息が荒くなって、けむりをたくさん吸ってしまうよ。

ハンカチやタオルを口に当てることもたいせつだ！

クイズ深掘り！

自分の家で火事がおこったら……

　家で大きな火事がおきたとき、ひとりで火を消そうとするのは危険だよ。家族や近所の人にわかるように「火事だ！」と大声でさけんで、できるだけ早く、その場をはなれよう。このときも、ハンカチやタオルを口に当てて、けむりを吸いこまないようにすることがだいじだよ。

火事のとき、建物の外に出るにはどっちの階段を使えばいい？

A 建物のなかにある階段

B 建物の外にある階段

建物の外にある
階段

けむりが充満しない外の階段が安全

ろう下にけむりが立ちこめているとき、外に階段がある建物であれば、必ずそちらを使って脱出しよう。建物のなかの階段には、有毒なけむりが充満しているかもしれないんだ。外の階段を使えば、けむりを吸ってしまうことなく、建物の外に出られるよ。

サバイバルの知恵

なかにあっても安全な「非常階段」

マンションの5階以上の階には、必ず「非常階段」があるよ。避難用の階段だから、けむりや炎を防ぐように作られているんだ。建物のなかにあるものでも非常階段なら安全だよ。

非常階段は、ふだんは使わないから、どこにあるのかを知っておくこともたいせつ。左の絵のような「非常口」のサインでわかるようになっているから、たしかめておこう。

4階以下の階には、非常階段がない場合が多いよ。とくに2階より上に住んでいる人は、もしも火事がおきたらどうやって逃げるのか、家族と確認しておくといいね。

マンションなどの避難訓練には、積極的に参加しよう！

エレベーターのなかで余震が！
どの階のボタンを押す？

むずかしさ ★★★

ガガガガ

A すべての階の
ボタン

B 1階のボタン

とにかく早くエレベーターから脱出しよう

　エレベーターは地震で止まるかもしれないから、避難には使わないのが大原則！　でも、もしもあわててエレベーターに乗って、そのなかでゆれを感じたら、いき先ボタンをすべて押そう。さいしょに止まった階で外に出て、それから階段でおりるんだ。とにかく、エレベーターから脱出することが重要だよ。

　エレベーターが止まった場合は、電話マークのボタンを押しつづければ、エレベーターを管理している人と通話できるよ。

大地震の
すぐ後におこるゆれを
「余震」というぞ

B
を選んだキミは…

途中で止まってしまうかも……

　「建物の外に避難しなくちゃいけないから、まずは1階を押す！」と考えたキミ、おしかったね。たしかに、できるだけ早く外に出たい。でも、エレベーターから出ることを優先しよう。もしもエレベーターが途中で止まったら、何時間も閉じこめられてしまうかもしれないよ。

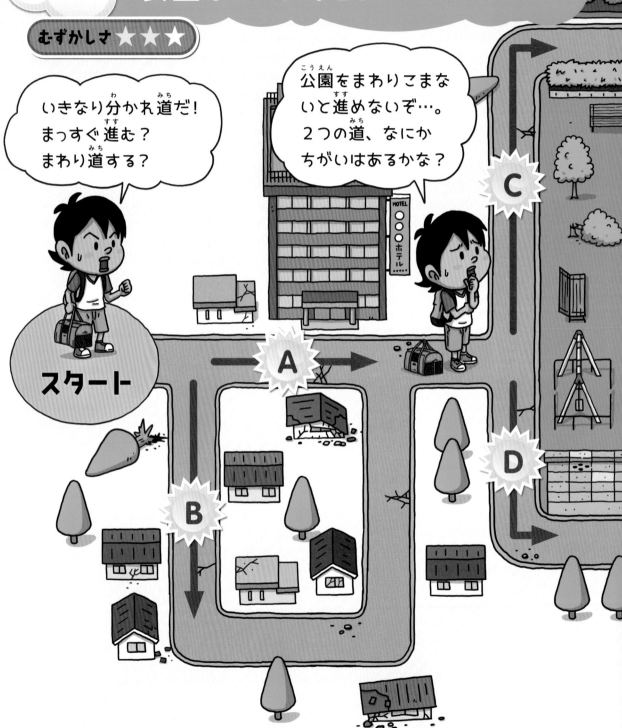

30

避難所までのルートの危険をチェック！

　まちがいのルートには、すべて危険がひそんでいるよ。Aには大きなホテルがあるね。上から看板や窓ガラスが落ちてくるかもしれないから、とおらないほうがいいよ。Dにあるブロックべいは、余震でくずれるかもしれない。Fの近くを流れる川は、津波などで水があふれてしまうことがあるよ。

　家から避難所までの道のりに、どんな危険があるのか、家族といっしょに確認をしておくといいね。

キミの通学路にはどんな危険があるかな？

クイズ深掘り！

登下校で使う歩道橋に気をつけて！

　大きな道を横断するのに使う歩道橋は、交通事故から身を守ってくれるたいせつなものだよね。でも、地震のときは使わないほうがいいよ。地震のゆれで、くずれ落ちてしまうかもしれないんだ。もしも歩道橋の上で地震にあったら、急いで下におりて、なるべく遠くにはなれよう。

こんな場所で地震がおきたら！？

外出先編

頭上から落ちてくるものに注意！

町なか

近くの建物から、看板やガラスが落ちてくることがあるよ。でも、ゆれている最中も車は走っているから、車道に出るのはあぶない。頭上に注意しながら、歩道でゆれがおさまるのを待とう。ランドセルやカバンをもっていたら、それで頭を守るといいよ。

あせらず指示を待つのがたいせつ

電車

電車は、大きな地震があると自動で止まるようになっているんだ。急ブレーキで飛ばされないように、ふだんから手すりにつかまるようにしておくといいね。電車が止まったら、あせらずに車内放送の指示を待とう。どうやって逃げればいいか、教えてくれるよ。

すぐに出口に向かうと危険！

B1 地下

地下街や地下鉄のホームにいるときに地震がおこると、あわてて地上に出ようとする人が多いよ。でも、出口におおぜいの人が集まると、ギュウギュウになって、とても危険なんだ。地下の施設はがんじょうだから、安全だよ。まずは落ち着いて、避難の指示にしたがおう。

避難所まで向かうとき どうやって移動すればいい?

むずかしさ ★★★

A 自転車に乗っていく

B 歩いていく

答え

B

歩いていく

時間がかかったとしても、歩いて避難しよう！

自転車は余震のときに危険！

　自転車は歩くよりもずっと速く移動できるし、つかれないから、ふだんは便利だよね。でも、避難場所に向かうときは、歩いていくほうが安全だよ。なぜなら、大きな地震の後には、余震が何度もおこるからなんだ。

　自転車に乗っているときに余震があると、転んでケガをしてしまうかもしれない。それに、地震の後は地面がデコボコになっているから、自転車で走るのはとても危険だよ。

クイズ深掘り！

地震のゆれでおきる「液状化現象」

　埋立地など、地盤がよわい場所で地震があると、まるで水のように地面がやわらかくなる「液状化現象」がおこる。地面にひびが入ったり、建物が地面にしずんでしまったりと、大きな被害をひきおこすんだ。近所の地盤については、家族や先生に聞いておくといいよ。

がれきにうまっている人がいる！どうやって助ける？

むずかしさ ★★★

A 大人を呼びにいく

B すぐにがれきを取りのぞく

大人を
呼びにいく

大人の力をかりよう！

　がれきの下に人がいるのを見つけたら「すぐに助けてあげないと！」と考えて、あせってしまうかもしれないね。でも、子どもの力だけでがれきをどけるのは、むずかしいよ。それに「下じきになった人がいる」ということは、そこはたおれやすいものが多くて、危険な場所だと考えたほうがいい。

　ひとりでむりにがれきを動かそうとするのではなく、力のある大人をできるだけたくさん呼んで、助けてもらおう。

助けを
呼ぶのも、りっぱな
レスキュー活動だ！

ピリリリッ!!

クイズ深掘り！

下じきになってしまったら……

　自分ががれきの下じきになって、身動きがとれなくなってしまったときは、なるべく体力を使わないことがたいせつだよ。むやみに大声を出すのではなく、かたいものでまわりをたたいたり、携帯電話や防犯ブザーを鳴らしたりしてみよう。近くにいる人に、きっと気づいてもらえるよ。

避難所に向かう途中、トイレにいきたくなったら？

むずかしさ ★★★

A コンビニのトイレを借りる

B 草むらですませる

コンビニの トイレを借りる

ファミレスも「支援ステーション」になることがあるぞ！

災害時帰宅支援ステーションを利用しよう

「ひと気のない草むらですましちゃえ！」と思う人もいるかもしれないけど、やめておこう。災害時には、考えてもみないような犯罪や事故に巻きこまれることがあるから、危険だよ。

避難中は、コンビニでトイレを借りよう。大きな災害のときは、コンビニやガソリンスタンドが「災害時帰宅支援ステーション」という役割を担うんだ。水道も開放しているよ。入口のステッカーが目印だから、近所でさがしておこう。

クイズ深掘り！

避難所や道路などの情報も教えてくれる！

災害時帰宅支援ステーションでは、地図を見せてくれたり、テレビやラジオで流れている災害や交通の情報を教えてくれたりもするんだ。道にまよってしまったときや、災害の状況を知りたいときにも立ち寄ってみるといいよ。

B とにかく海から遠くはなれた場所

C とにかく高い場所

いっこくも早く、高いところへ向かおう

　津波がくるとわかったら、すぐに高いところへ向かって全力で走ろう。津波は自動車のような速さで、海からはなれた場所にまで押しよせてくる。遠くに逃げても、低い場所にいたら飲みこまれてしまうよ。「人がたくさんいれば大丈夫」という考えも危険。自分の判断で逃げる場所を決め、行動しよう。

　家の近くの高台や高いビルがどこにあるか知っているかな？今からどこに逃げるべきか、考えておこう！

津波は何度も押しよせる。高いところで待機しよう！

クイズ深掘り！

低い津波もあなどってはいけない

　津波は、ふつうの波とちがって、ものすごい力をもっているよ。高さが50cmでも、子どもは立っていることができないんだ。転んでしまうと、立ち上がるのはむずかしく、おぼれてしまうこともある。予想されている高さがほんの数十cmだったとしても、必ず避難しないといけないよ。

みんなで避難するときのあいことば

「お・は・し・も」

　学校などで地震にあい、集団で避難するときは「おはしも」を守って行動しよう。これは「押さない／走らない／しゃべらない／もどらない」の頭文字をとった、あいことばだよ。

　「早く逃げたい！」と思って、前にいる人を押したり、走ったりしてしまうと危険だよ。不安になっておしゃべりすることも、わすれものに気がついてもどることも、避難のときにはあぶない行動なんだ。

お ▶ 押さない
押された人が転んだらあぶないし、行列がストップして、避難に時間がかかってしまうかもしれないよ。

は ▶ 走らない
転んでケガをしてしまうかもしれないから、ぜったいにダメだよ。慎重に歩いて避難しよう。

し ▶ しゃべらない
ひとりの声は小さくても、みんながしゃべっていると、避難のためのだいじな指示が聞こえなくなってしまうよ。

も ▶ もどらない
余震で建物がくずれてきて、下じきになったり、火事に巻きこまれたりするかもしれないよ。

津波からの避難中、遠くに友だちが！ どうする？

むずかしさ ★★★

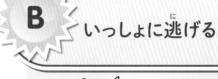

A ひとりで逃げる

B いっしょに逃げる

「津波てんでんこ」で逃げよう

　「津波てんでんこ」は、「津波がきたら、ひとりひとりがバラバラに逃げよう」という意味のことばだよ。家族や友だちをさがして、いっしょに逃げようとしているあいだにも、津波はせまってきてしまう。すこしの時間も、むだにできないんだ。まずは自分の命を守るために、全力で高いところへ逃げよう。

サバイバルの知恵　　津波ハザードマップを見てみよう

ハザードマップ

家や学校に
印をつけておくと
いいぞ！

　海ぞいの市区町村では、津波の被害がどれくらいになりそうかをシミュレーションした「津波ハザードマップ」が作られているよ。津波がきたときに、どこで、どのくらいの被害がありそうかを、地図上に表しているんだ。避難場所や高い建物を確認することもできるよ。
　ハザードマップは、市区町村のホームページで見ることができる。役所にいけば、プリントアウトしたものももらえるよ。
　津波以外にも、土砂災害や火災など、いろいろな種類のハザードマップがあるから、家族といっしょに目をとおしておこう。

問題 16

避難中に足をくじいてしまった。
まずどこに向かう？

むずかしさ ★★★

A 病院

B 避難所

病院は「緊急・重症」の人が優先

災害時の病院は、すこしでも多くの命を救うために「緊急性の高い人・症状の重い人」を優先して診療しているよ。災害の影響で、ふだんどおりにテキパキと診療できないし、ケガ人もおおぜいやってくるから、優先順位を決めているんだね。

病院が混乱しないように、軽いねんざやすり傷なら、避難所に向かおう。うまく歩けないときは、大人に手助けしてもらうといいよ。避難所についたら、応急処置をしてもらおう。

診療に優先順位をつけることを「トリアージ」というぞ！

クイズ深掘り！

保険証がなくても病院へ

避難するときに「保険証」をおいてきていたり、なくしてしまったりすると、「病院でみてもらえないのかな？」と不安になるよね。でも、大きな災害がおこったときは、保険証がなくても診察してもらえるんだ。病院でみてもらう必要があるときは、保険証がなくても診察を受けにいこう。

家族と電話で連絡を取りたい。どっちの電話を使う？

むずかしさ ★★★

A 携帯電話

B 町なかの公衆電話

災害時は公衆電話のほうがつながりやすい!

　大きな災害がおきると、携帯電話はつながりにくくなる。そんなときの強い味方が、公衆電話だよ。公衆電話は、緊急のときにもつながりやすいようになっているんだ。避難の途中で公衆電話を見つけたら、使ってみるといいよ。ただし、わざわざ公衆電話をさがし回るのは危険だから、やめておこう。

サバイバルの知恵

公衆電話のある場所と使い方をマスター!

公衆電話がどこにあるか、ふだんから気にしておこう!

　公衆電話にはいろいろな種類があるけれど、いちばん多いのは、駅やコンビニなどで見かける緑色のもの。ほかにもグレーやピンク、白などがあるよ。
　公衆電話は、こんなふうに使うよ。
① 受話器をはずして耳に当てる。
② 10円か100円をコイン投入口に入れる。
③ かけたい電話番号を押す。
　携帯電話でさいごに押す「通話」ボタンは、公衆電話にはないよ。使ったことがない人は、大人といっしょにためしてみよう。災害時には、無料で使える場合もあるよ。

家族に電話がつながらない。どの番号に電話すればいい？

むずかしさ ★ ★ ★

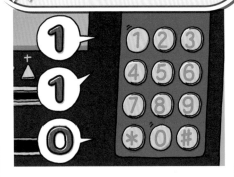

A 「110番」にかける

B 「171番」にかける

災害用伝言ダイヤルを使おう

　災害にあったときは171番の「災害用伝言ダイヤル」を使おう。これは、はなればなれになった家族や親せきに伝言を残せるサービスだ。「家族いない（171）」とおぼえておこう。

　171をダイヤルしたら、流れてくる音声案内のとおりに操作しよう。自分の家や家族の電話番号をプッシュすれば、伝言を聞いたり、入れたりすることができる。1回の伝言は30秒まで。全部で20回まで伝言を入れられるよ。

伝言する内容を決めてからダイヤルしよう！

電話番号をおぼえておこう

クイズ深掘り！

03-2525-00✕✕
にこにこ

　災害用伝言ダイヤルは、相手の電話番号がわからないと使えないよ。だから、家の固定電話や家族の携帯電話の番号を、ゴロあわせでおぼえておくといいね。メモしてさいふに入れておくのもおすすめだよ。毎月1日と15日には、災害がなくても体験利用できるから、ためしてみよう！

シンゴー!!

お母（かあ）さん!!
ミライ!!

おーい!

無事（ぶじ）で
よかった…!
ケガはない?

ちょっとくじいた
くらいだよ!
マカロンもちゃんと
連（つ）れてきたよ!

おーい!
みんなー!!

お父（とう）さん
だ!!

うぉぉぉ〜!!
よかったぁ〜!!

ガバッ!

苦（くる）しい
よ〜

よかった…

地震がくる前にやっておこう！

❶ 家族との連絡方法を決める

家族がバラバラに避難することになるかもしれない。そのとき、どうやって連絡を取るか、話しあっておこう。「災害用伝言ダイヤルで、この番号に伝言を残す」「親せきの家に電話する」などと決めておけば安心だね。

❷ 家のなかの危険を取りのぞく

地震のときは、思わぬ危険がおそってくることがあるよ。家のどこに危険がひそんでいるかチェックして、取りのぞいておこう。

大きな家具

ふだんは動かない大きな家具がたおれることがあるんだ。つっぱり棒やL字金具を取りつけておくといいよ。

窓

ゆれでガラスが割れて、破片が飛びちってしまうことがあるよ。窓に専用のシートをはっておこう。

棚

棚のなかのものが飛び出すことがあるよ。トビラが開かないようにストッパーをつけるなど、工夫しよう。

❸ 避難場所を確認する

避難場所は、災害の種類や被害の大きさで変わるよ。家族と「この災害がおきたら、この避難場所」という情報を確認しておこう。家からの道のりや、待ちあわせ場所を決めておくのもたいせつだよ。

❹ 避難用リュックを用意する

避難所で必要なものをまとめておけば、災害がおきたとき、とっさにもち出せるよ。このページで紹介するものをリュックサックに入れて、玄関などにおいておこう！

水と食料

古くならないよう、定期的に新しいものに取りかえよう。

救急箱

ケガをしたときのために、包帯や消毒液を用意しよう。

レインコート

避難するときは、両手があく雨具が便利だよ。

ヘルメット

余震で上から落ちてくるものから、頭を守ろう。

ライト

停電してしまった場合に、かつやくするよ。

ラジオ

津波や余震などの確実な情報を得られるよ。

その他

寒さをしのぐ「毛布」、助けを呼ぶときの「笛」、あぶないものを動かすときの「軍手」、公衆電話から電話をかけるための「小銭」、ほかにも「電池」や「スマホの充電器」があると、さらに安心だよ。

● 監修者

木原 実（きはら・みのる）

気象予報士・防災士。
1986年からお天気キャスターとして、日本テレビの番組に出演。現在はお天気キャラクター・そらジローとともに、同局「news every.」のお天気コーナーを担当している。2016年度より、日本防災士会の参与に就任。『天気の基礎知識』（フレーベル館）、『おかあさんと子どものための防災＆非常時ごはんブック』（ディスカヴァー・トゥエンティワン）など、多くの気象・防災関連書の監修も務める。

● イラスト　　　　大野直人
● ブックデザイン　釣巻デザイン室（釣巻敏康・池田彩）
● 編集協力　　　　株式会社 バーネット（高橋修）
● 企画・編集　　　株式会社 日本図書センター

※本書で紹介した内容は、地震発生時の対応の一例です。非常時にはその状況に応じて、個別の判断が必要になります。そのヒントとして、本書をお役立ていただけますと幸いです。

どっちを選ぶ？ クイズで学ぶ！
自然災害サバイバル ①地震

2020年4月25日　　初版第1刷発行
2021年4月25日　　初版第2刷発行

監　修　　木原 実
発行者　　高野総太
発行所　　株式会社日本図書センター
　　　　　〒112-0012 東京都文京区大塚3-8-2
　　　　　電話 営業部 03-3947-9387
　　　　　　　　出版部 03-3945-6448
　　　　　http://www.nihontosho.co.jp

印刷・製本　　図書印刷 株式会社

NDC369.3
どっちを選ぶ？クイズで学ぶ！
自然災害サバイバル
①地震
監修・木原実
日本図書センター
2020年　56P　23.7cm×18.2cm